هَيّا إِلى المَدْرَسَة !

بِقَلَم: مَحْمود جَعْفَر

بِريشَة: ليزي والكلي

Collins

هَذا أَحْمَد.

هَذِهِ فاطِمَة.

هَذا قَميصي.

هَذِهِ فُرْشاتي.

هَذا جَوْرَبي.

هَذا حِذائي.

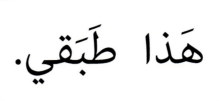

هَذا طَبَقي.

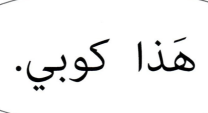

هَذا كوبي.

هَذا قَلَمي.

هَذا كِتابي.

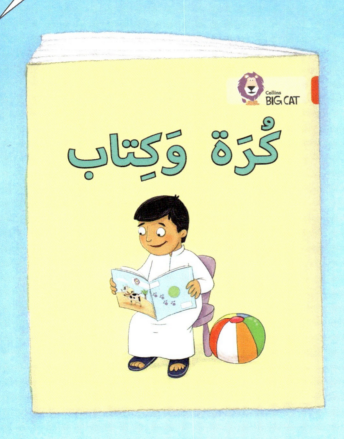

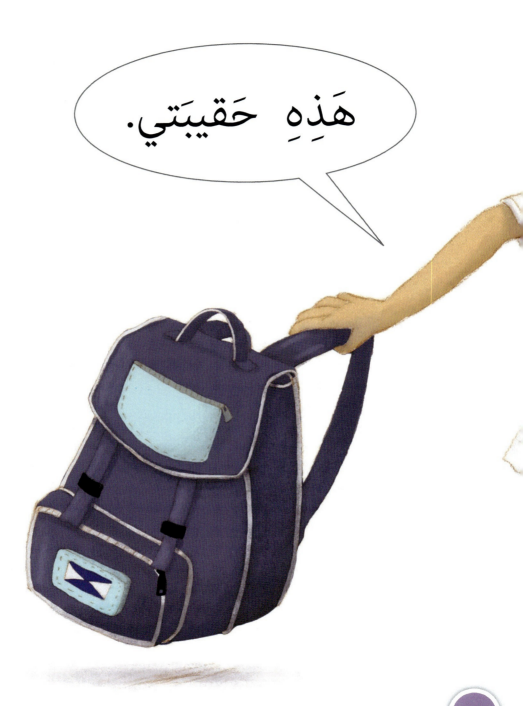

هَذِهِ حَقيبَتي.

هَيّا إِلى المَدْرَسَة!

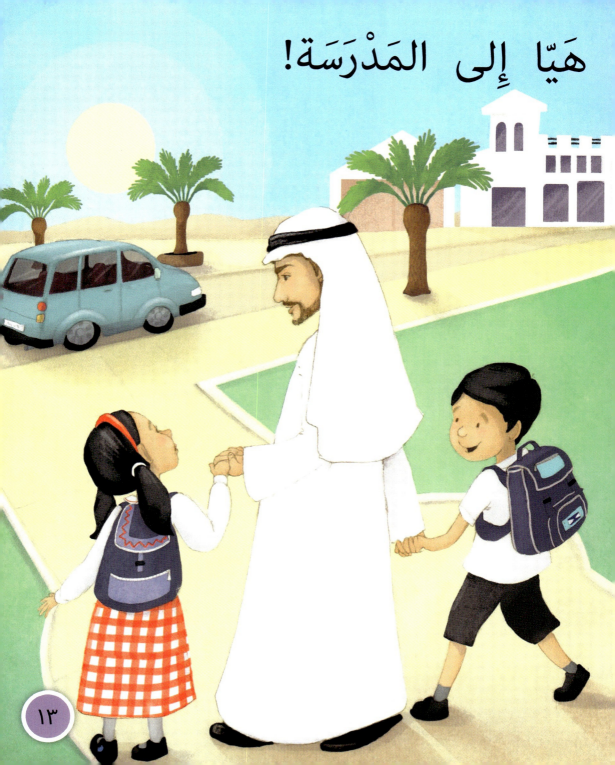

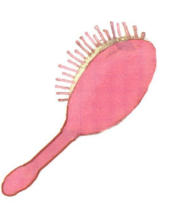

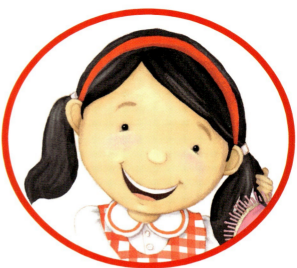

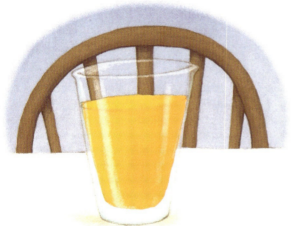

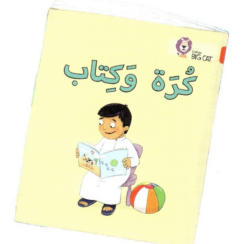

Collins BIG CAT
كُرَة وَكِتاب

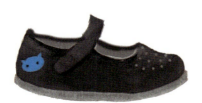

أفكار واقتراحات

الأهداف:

- قراءة جمل اسميّة بسيطة ومتنوّعة عن موضوع واحد.

- التمييز بين صيغة المذكّر وصيغة المؤنّث.

- ملاحظة الفرق بين نطق كلمتي "هذا" و"هذه" وكتابتهما واستخدامهما.

- التعوّد على صيغة الملكيّة.

روابط مع الموادّ التعليميّة ذات الصلة:

- مبادئ التفاعل الاجتماعيّ.

- التحدّث عن المدرسة.

- التحدّث عن الإفطار الصحّيّ.

مفردات شائعة في العربيّة: مدرسة، قلم، كتاب

مفردات جديرة بالانتباه: هذا، هذه، حقيبة، قميص

عدد الكلمات: ٢٥

الأدوات: ورق، أقلام رسم وتلوين

قبل القراءة:

- ماذا ترون على الغلاف؟ ماذا ترون خارج الشبّاك؟

- في أيّ ساعة يرنّ المنبّه؟ لماذا يرنّ؟

- هيّا نقرأ العنوان معًا.

- متى نستخدم كلمة "هيّا"؟

أثناء القراءة:

- أوّلاً، سنقرأ الكتاب معًا ونشير إلى الكلمات.